Andrea Erkert

Die 50 besten Spiele für die Vorschule und den Übergang

DON BOSCO

MiniSpielothek

Gerne nehmen wir Ihre Anregungen,
Wünsche, Kritik oder Fragen entgegen:
Don Bosco Medien GmbH, Sieboldstraße 11, D-81669 München
anregungen@donbosco-medien.de
Servicetelefon +49(0)89 48008-341

Bibliografische Information der Deutschen Nationalbibliothek

Die Deutsche Nationalbibliothek verzeichnet diese Publikation in der Deutschen Nationalbibliografie; detaillierte bibliografische Daten sind im Internet über http://dnb.d-nb.de abrufbar.

klimaneutral
gedruckt
www.klima-druck.de
ID-Nr. 21105634
bvdm.

1. Auflage 2022 / ISBN 978-3-7698-2546-6

www.donbosco-medien.de
Umschlag: Don Bosco Medien GmbH, München
Umschlaggrafik: strichfiguren.de/stock.adobe.com
Layout: Alexandra Paulus
Satz: Don Bosco Medien GmbH, München
Druck: Don Bosco Druck & Design, Ensdorf

Gedruckt auf umweltfreundlichem Papier

Inhalt

Geduld und Fleiß, und ich bin überzeugt, ich werde alles erreichen, was ich will.

Leo Tolstoi

Schau mal, was ich schon kann!

Schreib es in die Luft

Alle Kinder bilden einen großzügigen Kreis. Ein Kind, das sich freiwillig meldet und von der Spielleitung ausgewählt wird, fängt an und sagt den folgenden Satz: „Ich zeige euch, wie ich schreiben kann!“
Das Kind schreibt einen Buchstaben oder eine Zahl in die Luft. Die übrigen Kinder dürfen raten, wie der Buchstabe oder die Zahl heißt. Das Kind löst das Rätsel auf, schaut sich in der Runde um und sagt schließlich: „Jetzt ist ... (Vorname eines anderen Kindes) dran!“
Das ausgewählte Kind wiederholt das Spiel und schreibt einen weiteren Buchstaben oder eine Zahl in die Luft.
So geht es weiter, bis alle Kinder an der Reihe waren.

Ich kann zählen

Alle Kinder bis auf eines sitzen zusammen im Stuhlkreis. Das ausgewählte Kind stellt sich in die Kreismitte und erhält eine Glocke.
Ein Kind, das die Spielleitung benennt, sagt nun laut: „Eins!" Daraufhin sagt das Kind, das links daneben sitzt, laut: „Zwei!" Das nächste Kind ruft: „Drei!" So geht es weiter, bis das Kind in der Kreismitte sagt:

„Stopp! Ihr könnt schon zählen und wollt nun in die Schule gehen.
Läutet die Schulglocke, dann ist es so weit! Auf Wiedersehen!"

Sobald das Kind die „Schulglocke" läutet, dürfen alle rasch ihre Plätze wechseln. Auch das Kind mit der Glocke darf sich dabei einen freien Platz suchen. Wer keinen Stuhl findet, erhält in der nächsten Spielrunde die Glocke und begibt sich in die Kreismitte.

Material

Glocke

Ich kann mich gut bewegen

Die Kinder verteilen sich auf einem überschaubaren Spielfeld, das die Spielleitung mithilfe von vier Markierungskegeln kennzeichnen kann.
Zum Rhythmus des Trommelspiels, das durch die Spielleitung erfolgt, laufen alle Kinder kreuz und quer auf dem Spielfeld herum. Sobald jedoch die Trommel stoppt, bleiben alle Kinder sofort stehen. Daraufhin sagt die Spielleitung laut:

„Wer auf einem Bein hüpfen kann,
darf es zeigen und ist nun dran!"

Daraufhin hüpfen alle Kinder auf einem Bein auf dem Spielfeld herum.
Kurz darauf fängt eine neue Spielrunde an, bei der die Kinder wieder so lange im Takt zum Trommelspiel herumlaufen, bis die Trommel erneut stoppt und die Spielleitung auf die gleiche Weise eine neue Bewegungsart benennt, wie z.B.:

- rückwärts gehen
- auf den Zehenspitzen gehen
- mit geschlossenen Beinen hüpfen

Nach ein paar Spielrunden sagt die Spielleitung laut:
*„Ihr lernt in der Schule noch viel mehr Sachen.
Es gibt in der Schule auch ganz viel zu lachen!“*

Material

Handtrommel, evtl. vier Markierungskegel

Was ich bereits kann

Die Kinder sitzen zusammen im Stuhlkreis und erhalten von der Spielleitung jeweils einen unbedruckten Bierdeckel. Jedes Kind überlegt sich, was es besonders gut kann, wie z.B. Schuhe binden, Zähne putzen oder den eigenen Vornamen schreiben.
Ein Kind erhält von der Spielleitung daraufhin einen Rucksack und beginnt das Spiel, indem es z.B. sagt: „Ich komme bald in die Schule und kann schon bis zehn zählen!"
Die Spielleitung schreibt das Wort „zählen" auf den Bierdeckel, den das Kind dann in den Rucksack packt. Den Rucksack übergibt es dem Kind, das links neben ihm sitzt. Dieses Kind fügt etwas Neues hinzu. Es kann z.B. sagen: „Ich komme bald in die Schule und kann schon auf einem Bein hüpfen!"
Im Anschluss daran schreibt die Spielleitung „auf einem Bein hüpfen" auf den Bierdeckel, den das Kind ebenfalls in den Rucksack packt.
Indem der Rucksack von Hand zu Hand im Kreis herumgereicht wird, werden immer mehr Kompetenzen in den Rucksack gepackt, die für einen erfolgreichen Schulstart relevant sind. Ist der Rucksack wieder beim ersten Kind angekommen, macht die Spielleitung den Kindern bewusst, dass sie bereits eine

Menge Fähigkeiten haben, die in dem Rucksack stecken und jederzeit, auch zum Schulstart, gezeigt werden können. Abschließend holt sie nacheinander die Bierdeckel aus dem Rucksack, um noch einmal das, was auf den einzelnen Bierdeckeln steht, laut vorzulesen.

Material

Stift, Rucksack, pro Kind ein Bierdeckel

Ich kann gut zuhören

Die Spielleitung erklärt den Kindern am Tisch, dass sie in der Schule gut zuhören sollten, damit sie z.B. eine Aufgabe, die ihnen der Lehrer oder die Lehrerin stellt, richtig verstehen und gut umsetzen können. Die Spielleitung möchte nun wissen, wer von den Kindern gut zuhören kann.

Dafür legt die Spielleitung zwölf kleine Gegenstände auf den Tisch. Es handelt sich dabei um Gegenstände, die die Kinder auch später in der Schule gut gebrauchen können. Die Spielleitung benennt nun maximal acht Gegenstände, die sich auf dem Tisch befinden. Die Kinder dürfen daraufhin die erwähnten Gegenstände gemeinsam der Reihe nach auswählen und vor sich ablegen. Im Anschluss daran teilt die Spielleitung der Gruppe mit, ob die Aufgabe richtig gelöst wurde.

Eine neue Runde beginnt, bei der ein Kind die Rolle der Spielleitung übernimmt und ein paar Gegenstände, die sich auf dem Tisch befinden, benennt.

Es folgen weitere Runden, bevor das Merkspiel beendet wird.

Material

12 kleine Gegenstände für die Schule (z.B. Stift, Lineal, Radiergummi, Mäppchen, Ordner, Pinsel, Brotdose, Schulheft, Buch, Blatt Papier, Sportbeutel)

5

Zu Wort melden

Die Kinder sitzen zusammen im Stuhlkreis und dürfen auf Anweisung der Spielleitung hin der Reihe nach im Uhrzeigersinn zeigen, wie sie sich bereits per Handzeichen melden können.
Danach macht die Spielleitung den Kindern pantomimisch vor, wie sie z.B. ein Wort an die Tafel schreibt, ein Buch liest oder Blockflöte spielt. Die Kinder, die glauben zu wissen, was die Spielleitung vormacht, melden sich per Handzeichen. Welches Kind kann so lange warten, bis es aufgerufen wird?
Ein Kind, das die richtige Antwort weiß, darf in der nächsten Spielrunde die Rolle der Spielleitung übernehmen. Dabei kann die Spielleitung dem Kind etwas ins Ohr flüstern, das es pantomimisch der Gruppe vormacht.
Auf diese Weise finden weitere Spielrunden statt.

Wir kennen die Farben

Die Kinder sitzen im Stuhlkreis beisammen.
Ein Kind, das sich freiwillig meldet und von der Spielleitung ausgewählt wird, schaut sich in der Runde um und sucht sich heimlich ein Kind aus, das z.B. einen blauen Pullover trägt. Dabei sagt es laut:

„Das Kind hat ein blaues Kleidungsstück an!
Wer sich meldet und das Kind kennt, der ist dran!"

Daraufhin dürfen sich die Kinder, die glauben zu wissen, wer von ihnen gemeint ist, per Handzeichen melden. Dabei kann sich auch das gesuchte Kind zu Wort melden. Das Kind ruft ein anderes Kind auf, das die Regel befolgen konnte. Weiß das Kind, wie das gesuchte Kind heißt, darf es in der nächsten Spielrunde ein neues Kind heimlich auswählen. Weiß das Kind die richtige Antwort jedoch nicht, wird ein anderes Kind aufgerufen und darf seine Vermutung äußern.
Auf diese Weise wird das Farbenspiel weitergeführt.

Wir können Musik machen

Die Kinder sitzen zusammen im Stuhlkreis.
Die Spielleitung erklärt den Kindern, dass nicht nur in der Kita, sondern auch in der Schule miteinander gesungen und Musik gemacht wird. Wer kann schon gut im Takt klatschen, auf die Oberschenkel patschen oder mit den Füßen stampfen?
Die Spielleitung singt gemeinsam mit den Kindern ein Lied, z.B. „Alle meine Entchen“ oder „Fuchs, du hast die Gans gestohlen“. Dabei kann sie z.B. die Arme kreuzen und im Takt mit der linken Hand auf die rechte Schulter und mit der rechten Hand auf die linke Schulter patschen.
Die Kinder ahmen alles so lange nach, bis die Spielleitung dem Kind, das links neben ihr sitzt, auf die Schulter tippt. Dieses Kind kann dann das, was die Spielleitung bereits vorgemacht hat, wiederholen oder auch etwas Neues vorstellen, indem es z.B. im Takt zur Melodie mit den Händen über dem Kopf klatscht. Dabei machen alle weiteren Kinder wieder mit.
So geht es immer weiter, bis die Spielleitung wieder an der Reihe ist.

Hinweis

Sollte das Lied zu Ende sein, bevor alle an der Reihe waren, singt die Gruppe das Lied noch einmal von vorn.

8

Rate mal, was ich schon kann

Die Kinder sitzen zusammen im Stuhlkreis.
Ein beliebiges Kind flüstert der Spielleitung etwas ins Ohr, das es besonders gut kann. Danach sagt die Spielleitung: „Ratet mal, was ... (Name des Kindes) kann! Es fängt mit dem Anlaut S an!“
Daraufhin überlegen sich die anderen Kinder, welche Fähigkeit mit dem Laut beginnt. Fähigkeiten können in diesem Fall z.B. sein:

- Sackhüpfen
- Seil springen
- Singen

Sobald ein Kind die Fähigkeit erraten hat, darf es der Spielleitung eine eigene Fähigkeit ins Ohr flüstern, die es gut beherrscht. Daraufhin gibt die Spielleitung den Anfangslaut wieder mithilfe des Spruchs bekannt.
Auf diese Weise finden weitere Runden statt, bevor die Spielleitung das Ratespiel beendet.
Anschließend kann die Spielleitung den Kindern noch einmal bewusst machen, dass sie bereits jede Menge Stärken haben, die ihnen sicherlich auch in der Schule zugutekommen werden.

Zeige uns, was du kannst

Die Kinder sitzen zusammen am Tisch. Ein Kind bekommt einen Würfel und beginnt das Würfelspiel.
Das Kind macht entsprechend der gewürfelten Augenzahl Fähigkeiten vor, die in der Schule gut gebraucht werden können. Dabei kann es z.B. zeigen:

- wie es auf einem Bein hüpfen,
- in der Luft einen Kreis zeichnen,
- wie ein Hampelmann springen,
- bis zehn zählen,
- ein Reimpaar benennen,
- ein Wort in Silben zerlegen kann.

Daraufhin übergibt es den Würfel einem anderen Kind, das nun würfeln darf. Je nachdem, wie hoch die Augenzahl ist, macht es ebenfalls entsprechend viele Fähigkeiten vor, die es bereits vor dem Schulantritt gelernt hat.
So geht es immer weiter, bis jedes Kind zumindest einmal würfeln konnte.

Material

Würfel

Freude wecken und Ängste nehmen

Hurra, bald bin ich ein Schulkind!

Die Spielleitung setzt sich mit zwei Handpuppen zu den Kindern in den Stuhlkreis. Dabei verwendet sie die beiden Puppen für den folgenden kleinen Reim:

Puppe 1: „Hurra, in die Schule darf ich!“
Puppe 2: „Das freut mich sehr für dich!“ (kurze Pause) „Und was wirst du dort machen?“
Puppe 1: „Schreiben und andere Sachen.“
Puppe 2: „Was könnte das wohl noch sein? Fällt euch etwas Passendes ein?“

Die Kinder, die eine Antwort darauf haben, dürfen sich melden. Daraufhin geht die Spielleitung mit der zweiten Handspielpuppe im Kreis herum und bleibt kurz vor den betreffenden Kindern stehen. Diese dürfen sagen, was ihnen dazu Passendes eingefallen ist, z.B.: lesen, rechnen, turnen, neue Freunde finden.

Material

zwei Handpuppen

Schultüten-Tanz

Alle Kinder bilden einen Kreis. Die Spielleitung gibt einem Kind eine Schultüte und lässt Musik erklingen. Zum Rhythmus der Musik patschen alle Kinder, die keine Schultüte in den Händen halten, auf ihre Oberschenkel. Dabei geht das Kind mit der Schultüte in Richtung eines anderen Kindes, um diesem die Schultüte zu übergeben. Die beiden Kinder tauschen ihre Plätze.

Anschließend darf das Kind, das nun im Innenkreis steht, auf dieselbe Weise einem weiteren Kind die Schultüte übergeben, mit dem es dann den Platz tauscht. So geht es immer weiter, bis die Musik stoppt. Das Kind, das nun im Innenkreis mit der Schultüte steht, darf der Gruppe mitteilen, worauf es sich am meisten im Hinblick auf den bevorstehenden Schulstart freut.

Eine neue Spielrunde beginnt, sobald die Musik wieder erklingt.

Das Spiel wird so lange gespielt, bis alle Kinder mit der Schultüte in der Hand sagen durften, worauf sie sich besonders freuen.

Daraufhin macht die Spielleitung den Kindern noch einmal bewusst, wie viele tolle Sachen sie in der Schule lernen, entdecken und erleben können.

Material

Schultüte, Musik

12

Ich freue mich auf die Schule, weil ...

Die Kinder sitzen auf dem Boden zusammen im Kreis und überlegen, worauf sie sich am meisten freuen, wenn sie an den bevorstehenden Schulanfang denken.
Ein Kind nimmt einen Softball und beginnt das Spiel. Während es den Ball einem anderen Kind zurollt, sagt es z.B. laut: „Ich freue mich auf die Schule, weil ich gern lesen lernen möchte."
Das Kind, das den Ball erhält, hört aufmerksam zu und kann entweder z.B. „Ich auch!" oder „Ich freue mich nicht so darüber!" sagen.
Unabhängig davon darf das zweite Kind das Ballspiel fortsetzen, indem es der Gruppe ebenso mitteilt, worauf es sich in Bezug auf die Schule freut. Es rollt den Ball einem anderen Kind zu.
So geht es weiter, bis alle Kinder zumindest einmal den Ball erhalten haben und zu Wort gekommen sind.

Hinweis

Sollte ein Kind sich über etwas nicht so freuen, kann die Spielleitung behutsam nachfragen, um mögliche Ängste und Bedenken auszuräumen.

Material

Softball

13

Wie wird das wohl werden?

Ein beliebiges Kind am Tisch bekommt einen Würfel und eine Spielfigur.

Das Kind beginnt zu würfeln. Ausgehend vom würfelnden Kind wandert nun die Spielfigur entsprechend der gewürfelten Augenzahl von Kind zu Kind im Uhrzeigersinn herum. Das Kind, bei dem die Spielfigur landet, darf der Gruppe eine Frage in Bezug auf die Schule stellen. Dabei kann die Spielleitung behilflich sein.

Miteinander dürfen die Kinder die Fragen beantworten, bevor das Kind ebenfalls würfelt und so eine neue Spielrunde startet.

Weitere Spielrunden folgen, bis die Spielleitung das Spiel beendet.

Beispielfragen

- Worauf freut ihr euch, wenn ihr an die Einschulung denkt?
- Seid ihr schon in eurer zukünftigen Schule gewesen?

- Habt ihr schon einen Schulranzen?
- Wer geht mit zu eurer Einschulungsfeier?
- Was glaubt ihr, wie euer Klassenzimmer aussieht?

Material

Würfel, Spielfigur

14

Talkrunde „Schule“

Die Kinder sitzen zusammen im Stuhlkreis. Ein Kind erhält von der Spielleitung ein Schulheft. Die Spielleitung schlägt eine Handtrommel an. Zu jedem Trommelschlag wird das Heft einmal nach links im Kreis herumgereicht. Sobald das Trommeln aufhört, darf das Kind, das gerade das Schulheft in den Händen hält, erzählen, inwieweit es sich auf den Schulanfang freut.

Die Gruppe hört aufmerksam zu und darf, sobald die Spielleitung einmal mit einer Glocke läutet, bei dem Kind nachfragen und ihm, falls erforderlich, auch Tipps und Ratschläge geben. Die Spielleitung kann auch selbst von ihrer Kindheit berichten und der Gruppe bewusst machen, dass es normal ist, wenn man Ängste und Befürchtungen gegenüber unbekannten Situationen hat, die jedoch zum Glück meist gar nicht eintreffen.

Daraufhin fängt eine neue Talkrunde mit der Trommel an. Auf diese Weise geht es weiter, bis alle Kinder sich äußern konnten.

Material

Schulheft, Handtrommel, Glocke

15

Was passiert in der Schule?

Alle Kinder bis auf eines bilden einen Stuhlkreis. Das ausgewählte Kind begibt sich in den Innenkreis. Während das Kind den Spruch aufsagt, geht es bei jeder Silbe von Kind zu Kind linksherum im Kreis:

„In die Schule kommen bald du und ich.
Auf was soll ich mich freuen, frage ich dich!“

Das Kind, neben dem das Kind nun stehen bleibt, darf etwas benennen, auf das sich das Kind im Hinblick auf die Schule freuen kann, z.B. lesen und schreiben lernen oder das Spielen auf dem Pausenhof. Danach tauschen beide ihre Plätze, sodass jetzt das andere Kind im Innenkreis auf dieselbe Weise eine weitere Spielrunde startet.
Nach ein paar Runden beendet die Spielleitung das Spiel.

Kunstvolle Vorfreude

Die Kinder sitzen zusammen am Tisch und nehmen sich eine Minute Zeit, um darüber nachzudenken, worauf sie sich in Bezug auf die Schule freuen.
Daraufhin lässt die Spielleitung eine Triangel erklingen und bittet alle Kinder, das zu malen, worauf sie sich am meisten freuen. Im Anschluss daran zeigt ein Kind sein Kunstwerk der Gruppe, die nun herausfinden soll, was das Kind gemalt hat. Sobald ein Kind die Antwort weiß, darf es das eigene Bild den anderen präsentieren, sodass die Raterunde fortgesetzt werden kann.
Das Ratespiel ist beendet, sobald alle Kinder ihre Bilder zeigen konnten.

Material

Triangel, Papier, Wachsmalstifte

Was wird in der Schule gemacht?

Die Kinder verteilen sich auf einem überschaubaren Spielfeld, das die Spielleitung mithilfe von vier Markierungskegeln kennzeichnen kann.
Zum Rhythmus des Trommelspiels, das durch die Spielleitung erfolgt, bewegen sich alle kreuz und quer auf dem Spielfeld. Stoppt das Trommelspiel, bleiben alle Kinder stehen und warten auf die Anweisung der Spielleitung, die etwas beschreibt, was die Kinder in der Schule machen werden, z.B.: „In der Schule lesen wir und haben alle viel Spaß dabei!" Daraufhin machen die Kinder das Genannte pantomimisch vor und tun beispielsweise so, als ob sie ein Buch in der Hand halten und lesen würden.
Kurz darauf beginnt das Trommelspiel wieder, zu dem alle so lange im Takt herumlaufen, bis das Trommelspiel stoppt und das nächste Beispiel von der Spielleitung folgt.
Nach ein paar Runden wird das Laufspiel beendet.

Beispielsätze

- „In der Schule zählen wir und haben alle viel Spaß dabei!“
  So tun, als ob man mit den Fingern bis zehn zählt.
- „In der Schule malen wir und haben alle viel Spaß dabei!“
  So tun, als ob man ein Bild malen würde.
- „In der Schule schreiben wir und haben alle viel Spaß dabei!“
  Mit dem Finger in der Luft einen oder mehrere Buchstaben schreiben.

Material

Handtrommel, evtl. vier Markierungskegel

18

Wisst ihr schon Bescheid?

Die Spielleitung legt auf einen Tisch, um den die Kinder herumsitzen, ein paar Gegenstände, die in der Schule verwendet werden, z.B. einen Stift, ein Schulheft, ein Buch, einen Würfel, einen kleinen Ball und eine Brotdose. Über den einzelnen Sachen wird ein Tuch ausgebreitet.
Ein Kind, das von der Spielleitung ausgewählt wird, greift unter das Tuch und tastet einen Gegenstand mit den Händen behutsam ab. Dabei beschreibt es den Gegenstand auch. Wer weiß, wie der Gegenstand heißt? Zur Kontrolle holt es den Gegenstand unter dem Tuch hervor.
Die Kinder sprechen daraufhin in der Gruppe darüber, wozu der Gegenstand in der Schule gebraucht werden kann. Danach legt das Kind den Gegenstand zur Seite und bittet ein anderes Kind, unter das Tuch zu greifen, um einen neuen Gegenstand zu ertasten und zu beschreiben.
So geht es weiter, bis alle Gegenstände offen auf dem Tisch liegen. Abschließend sagt die Spielleitung laut:

„In der Schule gibt es ganz viele tolle Sachen.
In der Schule gibt es aber auch viel zu lachen!“

Material

großes Tuch, sechs bis acht kleine Gegenstände, die in der Schule verwendet werden (z.B. Würfel, Lesebuch, Rechenheft, Mäppchen, Brotdose, Trinkflasche)

Ich bin schon groß

Alle Kinder stehen hintereinander im Uhrzeigersinn so, dass jedes Kind die Schultern des vor ihm stehenden Kindes berühren kann. Während die Spielleitung den Text vorliest, machen die Kinder Folgendes:

Ich bin schon ein großes Kind.
Die Zeit vergeht wie im Wind.

erst über die Schultern, dann über den Rücken streicheln

Bald werde ich zur Schule gehen
und viele Freunde wiedersehen.

mit Zeige- und Mittelfinger auf dem Rücken „spazieren gehen“

Ich kann es wirklich kaum erwarten
und würde am liebsten gleich starten.

mit allen Fingern auf den Rücken tippen

Ich freue mich darauf jeden Tag!
Warum? Weil ich Lernen so mag!

mit dem Zeigefinger ein Herz auf den Rücken zeichnen

Fit für den Schulweg

Straßenverkehr

Mit diesem Bewegungsspiel kann die Spielleitung den Kindern die große Anzahl an Fahrzeugen bewusst machen, die ihnen auf ihrem Schulweg begegnen können.
Alle Kinder bis auf eines sitzen zusammen im Stuhlkreis. Das ausgewählte Kind steht in der Kreismitte und sagt z.B.:

*„Auf der Straße ist viel los!
Was machen die Lastwagen bloß?“*

Daraufhin wechseln alle Kinder mit viel Gebrumm rasch ihre Plätze. Das Kind in der Mitte sucht sich ebenfalls einen freien Platz. Das Kind, das keinen freien Stuhl findet, bleibt in der Mitte stehen und sagt z.B.:

*„Im Straßenverkehr ist viel los!
Was machen die Feuerwehrautos bloß?“*

Während die Kinder laut „Tatütata!“ rufen, wechseln sie ihre Plätze. Dabei sucht sich das Kind in der Kreismitte ebenfalls wieder einen freien Stuhl.

So geht es mehrere Runden weiter. Anschließend erklärt die Spielleitung den Kindern, dass sie als Fußgänger stets den Verkehr beobachten müssen und idealerweise eine Straße nur dort überqueren, wo sich eine Ampel oder ein Zebrastreifen befindet.

Weitere Beispiele

- Fahrrad: „Klingeling!“
- Auto/Motorrad: „Brumm, brumm!“
- Krankenwagen: „Tatütata!“

21

Bei Rot bleiben wir stehen

Während die Kinder einen Kreis bilden, nimmt die Spielleitung ein rundes und rotes Blatt Papier zur Hand. Die Spielleitung möchte nun von den Kindern wissen, was bei einer Fußgängerampel zu tun ist und weshalb es so gefährlich ist, bei Rot die Fahrbahn zu überqueren. Wissen die Kinder Bescheid, beginnt das folgende Wahrnehmungs- und Reaktionsspiel:
Die Kinder gehen auf der Stelle. Dabei wenden sie ihren Blick nicht von der Spielleitung ab. Denn sobald die Spielleitung den roten Kreis für alle gut sichtbar nach oben hält, sollen alle Kinder blitzschnell stehen bleiben. Ein Kind, das besonders rasch in seiner Position verharrt, wird von der Spielleitung aufgerufen. Dieses Kind darf nun die Rolle der Spielleitung übernehmen und somit den roten Kreis an sich nehmen.
Danach beginnt eine neue Spielrunde, bei der das Kind in der Kreismitte irgendwann den roten Kreis nach oben hält.
Auf diese Weise folgen noch weitere Spielrunden.

Material

rundes, rotes Faltpapier o.Ä.

Ich sehe eine helle Farbe

Die Kinder sitzen im Kreis beisammen. Die Spielleitung erklärt den Kindern, dass man helle Farben bei Dämmerung viel besser als dunkle Farben sehen kann. Dabei macht sie den Kindern auch bewusst, dass sie sich entsprechend anziehen sollten, wenn sie frühmorgens, insbesondere an einem trüben und dunklen Herbst- oder Wintertag, in die Schule gehen. Wer kennt ein paar helle Farben? Die Kinder dürfen helle Farben benennen, wie z.B. Gelb, Orange und Hellblau. Danach verläuft das Spiel ähnlich wie das bekannte Spiel „Ich sehe was, was du nicht siehst".
Die Spielleitung sagt z.B.: „Ich sehe einen einfarbigen hellen Gegenstand. Die Farbe des Gegenstandes beginnt mit einem *G*." Damit die Kinder das Rätsel lösen können, sagt die Spielleitung dabei nicht „Ge", sondern „G".
Zunächst müssen die Kinder nun die Farbe erraten, hier beispielsweise Gelb. Anschließend darf die Gruppe herausfinden, welchen gelben Gegenstand die Spielleitung meint. Wurde der gesuchte Gegenstand benannt, darf ein anderes Kind die Rolle der Spielleitung übernehmen.

Straße überqueren

Wissen alle Kinder, wie man sicher über die Straße geht, auch wenn kein Zebrastreifen oder keine Ampel in Sicht ist? Die Spielleitung erklärt den Kindern, dass sie erst am Bordstein stehen bleiben und den rechten Arm nach vorn ausstrecken müssen, um zu zeigen, dass man die Straße überqueren möchte. Danach sollen sie nach links, rechts und links schauen und erst dann, wenn die Fahrbahn frei ist, zügig die Fahrbahn überqueren. Miteinander üben die Kinder das nun folgendermaßen:

Die Kinder gehen hintereinander an der Wand entlang. Das geht so lange, bis die Spielleitung einmal kräftig trommelt. Daraufhin bleiben alle Kinder stehen und stellen sich nebeneinander mit dem Rücken zur Wand auf. Miteinander machen sie nun das, was zuvor besprochen wurde. Stehen alle auf der gegenüberliegenden Seite, gehen sie wieder so lange hintereinander an der Wand entlang, bis die Spielleitung erneut einmal kräftig trommelt. Das ist das akustische Zeichen, noch einmal die „Fahrbahn" gemeinsam sicher zu überqueren.

Auf diese Weise geht es für ein paar Runden weiter.

Material

Handtrommel

24

Sicherheitsgurt

Die Gruppe sitzt im Kreis beisammen. Die Spielleitung erklärt den Kindern, dass manche Kinder mit dem Auto zur Schule gefahren und so auch wieder abgeholt werden.
Passend zu einer Autofahrt machen die Kinder zu dem Text, den die Spielleitung nun vorliest, die dazu passenden Bewegungen:

In die Schule fährt meine Mutter mich,
mitnehmen tun wir dann auch dich.
erst auf sich selbst, dann auf ein anderes Kind zeigen
Steigst du in das Fahrzeug ein,
was fällt dir auf dem Rücksitz ein?
mit dem Zeigefinger an die Stirn tippen
Der Sicherheitsgurt ist nun dran.
Du schnallst dich so wie wir alle an.
pantomimisch anschnallen
Sicher muss die Fahrt für uns sein,
sonst steigen wir erst gar nicht ein!
den Daumen nach oben strecken

An der Bushaltestelle

Mithilfe des folgenden Fingerspiels, das die Kinder am besten im Stuhlkreis durchführen, kann die Spielleitung den Kindern die Verhaltensregeln an der Bushaltestelle etwas näherbringen:

An der Bushaltestelle ist viel los.
Was machen die Kinder dort bloß?

alle zehn Finger in der Luft zappeln lassen

Sie warten alle auf ihren Schulbus,
denn es ist bereits Unterrichtsschluss.

eine Hand an die Stirn halten und sich nach dem Schulbus umschauen

Sie bleiben an der Bushaltestelle stehen,
so kann der Busfahrer alle gut sehen.

mit den Fingern eine Brille andeuten und durchschauen

Alle steigen nacheinander dann ein.
Ohne Gedränge, so muss das sein.

den Zeigefinger auf dem Oberschenkel in Richtung Knie hüpfen lassen

Anschließend kann die Spielleitung gemeinsam mit den Kindern darüber diskutieren, weshalb man an der Bushaltestelle z.B. nicht Fangen oder mit dem Ball spielen darf.

Der Schulbus ist da

Die Kinder holen sich jeweils einen Stuhl und bilden zwei Stuhlreihen parallel zueinander so, dass die Stühle nicht zu eng nebeneinander stehen. Die Spielleitung setzt sich mit einer Handtrommel auf den ersten Stuhl in der linken Reihe. Die Kinder verteilen sich auf einem überschaubaren Spielfeld, das die Spielleitung zuvor mit vier Markierungskegeln kennzeichnen kann.
Zum Rhythmus des Trommelspiels, das durch die Spielleitung erfolgt, laufen alle Kinder auf dem Spielfeld herum. Irgendwann stoppt die Spielleitung das Trommeln, steht auf und stellt sich neben den ersten Stuhl der rechten Stuhlreihe. Dabei ruft sie laut: „Der Schulbus ist da!“
Die Aufgabe der Kinder besteht nun darin, ohne Gedränge nacheinander in den „Bus“ einzusteigen und sich auf einen freien Platz zu setzen. Dabei bleibt der Fahrersitz bzw. der erste Stuhl der linken Stuhlreihe frei. Das Einsteigen in den Schulbus kann noch in weiteren Spielrunden geübt werden.

Material

Handtrommel, evtl. vier Markierungskegel

27

Verkehrssicheres Fahrrad

Zu Beginn erklärt die Spielleitung den Kindern, dass ein Fahrrad verkehrssicher sein muss, damit man vor allem auch morgens, wenn es draußen noch dunkel ist, von anderen VerkehrsteilnehmerInnen gut gesehen werden und somit sicher zur Schule kommen kann. Wie sieht jedoch ein verkehrssicheres Fahrrad aus? Das können die Kinder mithilfe des folgenden Bewegungsspiel herausfinden.

Die Spielleitung stellt auf ein überschaubares Spielfeld, das sie mithilfe von vier Markierungskegeln kennzeichnen kann, ein verkehrssicheres Fahrrad.

Zum Rhythmus des Trommelspiels der Spielleitung laufen alle auf dem Spielfeld herum und verwenden dabei Gymnastikstäbe als Lenkstangen. Sobald das Trommelspiel stoppt, ruft die Spielleitung ein Kind auf und zeigt dabei z.B. auf die Klingel. Kann das Kind das Fahrradteil benennen, setzt das Trommelspiel wieder ein, sodass eine neue Fahrradtour bzw. Laufrunde beginnt. Falls jedoch das Kind die Antwort nicht weiß, darf die Gruppe helfen.

Material

verkehrssicheres Fahrrad, Handtrommel, evtl. vier Markierungskegel, pro Kind ein Gymnastikstab

28

Zebrastreifen und Fußgängerampel

Alle Kinder sitzen zusammen im Kreis. Die Spielleitung erklärt den Kindern, dass nicht immer der kürzeste Schulweg der sicherste ist. Damit man einen Zebrastreifen oder eine Fußgängerampel benutzen kann, ist manchmal ein kleiner Umweg erforderlich. Daraufhin macht die Spielleitung mit den Kindern das dazu passende Fingerspiel:

Der sicherste und nicht kürzeste Weg soll es sein.
Es kann auch ein Umweg zum Zebrastreifen sein.

mit Zeige- und Mittelfinger auf dem Oberschenkel „spazieren gehen"

Manchmal ist die Fußgängerampel leider etwas fern.
Eine Fußgängerampel benutze ich nämlich sehr gern.

eine Hand an die Stirn halten und sich umschauen

Ein kleiner Umweg macht mir überhaupt nichts aus.
Lieber sicher in die Schule und wieder nach Haus'.

mit Zeige- und Mittelfinger auf dem Oberschenkel „spazieren gehen", den Daumen am Schluss nach oben strecken

Mein Fahrradhelm

Die Kinder sitzen zusammen im Kreis. Die Spielleitung nimmt einen Kinder-Fahrradhelm zur Hand und setzt sich zur Gruppe in den Kreis. Daraufhin sagt sie Folgendes:

„Ein Fahrradhelm soll es sein.
In welchen passt mein Kopf hinein?
Welche Farbe soll er denn haben?
Und wer kann mir das nun sagen?“

Die Spielleitung möchte zunächst von den Kindern wissen, weshalb ein Fahrradhelm nicht vom Kopf rutschen darf und fest sitzen muss. Wissen die Kinder, dass der Fahrradhelm nur so bei einem Fahrradsturz schützen kann, dürfen sie der Reihe nach linksherum im Kreis eine auffällige Farbe nennen, die anderen VerkehrsteilnehmerInnen sofort ins Auge springt. Dabei hat stets das Kind, das gerade spricht, den Fahrradhelm in der Hand.

Material

Fahrradhelm für Kinder

Komm, lass uns Schule spielen!

Ich grüße dich und du mich

Die Spielleitung erklärt den Kindern, dass man sich in der Schule freundlich begegnet und gegenseitig begrüßt. Das trifft auch dann zu, wenn man SchülerInnen und LehrerInnen auf dem Schulgelände zufällig begegnet. Die Kinder können das nun folgendermaßen üben:
Zum leisen und langsamen Rhythmus des Trommelspiels, das durch die Spielleitung erfolgt, gehen alle auf dem „Schulgelände" herum. Sobald ein Kind einem anderen begegnet, begrüßen sie sich gegenseitig so, dass sie dabei nicht stehen bleiben. Dabei machen sie einen freundlichen Gesichtsausdruck.
Sobald das gegenseitige Begrüßen klappt, beendet die Spielleitung das Trommeln und so auch das Spiel.

Material

Handtrommel

Was wird wohl in der Schultüte sein?

Die Kinder sitzen im Stuhlkreis beisammen und malen sich ihre Einschulung aus, zu der sie auch eine Schultüte mitbringen dürfen. Doch was soll in der Schultüte sein?

Die Spielleitung legt pro Kind einen Gegenstand, der auch in einer Schultüte sein könnte, auf einen Tisch in der Kreismitte. Die Spielleitung setzt sich neben den Tisch und hält eine geöffnete Schultüte in der Hand. Sie ruft ein Kind auf, das sich etwas Schönes aussuchen darf. Während es z.B. ein Freunde-Buch in die Schultüte packt, benennt es den Gegenstand und sagt, wozu es diesen braucht. Das Kind wechselt den Platz mit einem anderen, das auf dieselbe Weise einen Gegenstand in die Schultüte packt.

So geht es weiter, bis alle Kinder an der Reihe waren. Wissen die Kinder noch, was sich alles in der Schultüte befindet? Die Kinder dürfen nacheinander in die Schultüte greifen und jeweils einen Gegenstand ertasten, den sie benennen und zur Kontrolle aus der Schultüte holen.

Das Spiel ist beendet, sobald alle Gegenstände wieder auf dem Tisch liegen.

Material

pro Kind ein Gegenstand, der in einer Schultüte sein könnte (z.B. Trinkflasche, Brotdose, Anspitzer, Radiergummi, Bleistift, kleines Lesebuch, Aufkleber, Kuscheltier), Schultüte

32

Was ist gut fürs Klassenklima?

Die Kinder bilden einen großzügigen Stuhlkreis.
Zwei Kinder, die gern schauspielern möchten, dürfen sich in den Innenkreis begeben. Die Spielleitung flüstert ihnen eine Verhaltensweise ins Ohr, die gut oder schlecht in Bezug auf das soziale Miteinander sein kann. Während die beiden Kinder dann z.B. so tun, als ob sie miteinander kämpfen würden, dürfen die anderen Kinder entweder den Daumen nach oben oder nach unten strecken.
Sind sich alle einig, dass kämpfen nicht gut für die Klassengemeinschaft ist, dürfen zwei andere Kinder etwas Neues vorführen. Hierfür flüstert ihnen die Spielleitung wieder etwas ins Ohr.
Auf diese Weise finden weitere Durchgänge statt.

Positive Beispiele

- sich per Handschlag entschuldigen
- auf die Schultern klopfen
- trösten
- umarmen

Negative Beispiele

- sich gegenseitig die Zunge rausstrecken
- beschimpfen
- schubsen
- boxen

33

Wie läuft die Einschulung ab?

Die Kinder sitzen zusammen im Kreis und überlegen, was wohl bei der Einschulung passieren wird. Vielleicht haben sie ältere Geschwister und sind deshalb bereits schon einmal auf einer Einschulungsfeier gewesen.

Für das Spiel bekommt ein Kind von der Spielleitung eine Schultüte in die Hand. Während die Gruppe zu der Melodie des bekannten Kinderlieds „Alle meine Entchen" den folgenden Text singt, wandert die Schultüte von Hand zu Hand linksherum im Kreis:

Alle meine Kinder,
sind bald nicht mehr da,
sind bald nicht mehr da!
Gehen in die Schule,
das ist doch ganz klar!

Danach sagt die Gruppe laut: „Und wie läuft die Einschulung ab?"

Das Kind, das am Ende des Lieds die Schultüte in den Händen hält, darf sagen, worauf man sich bei der Einschulung freuen kann, z.B. auf eine Schulaufführung,

die neuen Schulkameraden, das Kennenlernen des Klassenzimmers oder den Lehrer/die Lehrerin.
Im Anschluss daran beginnt eine neue Spielrunde.
Nach ein paar Spielrunden erhalten die Kinder, die noch nicht zu Wort gekommen sind, der Reihe nach die Schultüte.

Material

Schultüte

34

Was gehört in die Schultasche?

Die Kinder bilden einen Stuhlkreis. In die Mitte des Kreises stellt die Spielleitung eine Schultasche und jede Menge Sachen, die in die Schultasche gehören, aber auch Dinge, die nicht in die Schultasche gehören. Die Aufgabe der Kinder besteht darin, das Richtige in die Schultasche zu legen.
Die Spielleitung ruft ein Kind auf, das sich per Handzeichen meldet. Das Kind geht in die Kreismitte, um etwas zu nehmen, das seiner Meinung nach in die Schultasche gehört. Dabei benennt es den Gegenstand. Sind alle damit einverstanden, dass das Kind z.B. ein Mäppchen in die Schultasche packt, tauscht das Kind den Platz mit einem anderen Kind, das daraufhin einen weiteren Gegenstand auswählen darf.
So geht es weiter, bis nur noch die Dinge übrig sind, die nicht zur Schule passen.

Beispiele

Gehört in die Schultasche:
Lesebuch, Mäppchen, Brotdose, Trinkflasche, Turnbeutel, Schreib- und Rechenheft, Schnellhefter, Schreibblock
Gehört nicht in die Schultasche:
Spielsachen, Nagellack, Deodorant, Kieselsteine

35

Ich gehöre jetzt zu den Großen

Die Spielleitung bespricht mit den Kindern im Stuhlkreis ein paar Verhaltensweisen und Regeln, die in der Schule relevant sind, wie z.B. pünktlich sein, sich per Handzeichen zu Wort melden, sich gegenseitig zuhören und helfen. Dazu passend folgt ein Fingerspiel:

Der Erste sagt: „Ich bin pünktlich in meiner Klasse!“
  mit dem rechten Zeigefinger auf die imaginäre Armbanduhr an der linken Hand deuten
Der Zweite sagt: „Daumen hoch! Das ist echt klasse!“
  Daumen nach oben strecken
Der Erste sagt: „Weiß ich was, dann melde ich mich!“
  per Handzeichen melden
Der Zweite sagt: „Das ist perfekt, finde nicht nur ich!“
  Daumen nach oben strecken
Der Erste sagt: „Ich helfe anderen gerne, wenn ich kann.“
  rundherum auf die einzelnen Kinder deuten

Der Zweite sagt: „So hört sich eine gute Gemeinschaft an."

sich gegenseitig die Hände reichen und einen geschlossenen Kreis bilden

Der Erste sagt: „Ich gehöre jetzt zu den Großen. Das ist klasse!"

sich gegenseitig loslassen und aufstehen

Der Zweite sagt: „Ich wünsche dir ganz viel Spaß in der 1. Klasse!"

Daumen nach oben strecken

Auf dem Pausenhof

Die Kinder sitzen im Kreis. Die Spielleitung erklärt den Kindern, dass jede Schule auch einen Pausenhof hat, sodass die Kinder zwischendurch auch mal frische Luft schnappen, toben und miteinander spielen können. Dort stehen den Kindern nicht nur verschiedene Spielgeräte, sondern in der Regel auch Kleingeräte wie Bälle, Seile und Reifen zur Verfügung. Die Spielleitung legt ein paar dieser Kleingeräte in die Kreismitte. Was man damit tun kann, soll den Kindern durch das folgende Spiel bewusst gemacht werden:

Die Kinder bilden Paare und Kleingruppen, die sich jeweils etwas von den Geräten aussuchen dürfen. Je nachdem, wofür sie sich entscheiden, können sie z.B. miteinander Seil hüpfen, sich gegenseitig einen Reifen zurollen oder einen Ball zuwerfen. Wenn die Kinder nicht wissen, was sie mit den Geräten machen können, gibt die Spielleitung Tipps.
Das geht so lange, bis die Spielleitung mit der Glocke läutet. Dabei erklärt sie den Kindern, dass in vielen Schulen so die Pause wieder endet. Die Kinder räumen daraufhin alle Sachen auf, bevor sie sich ohne Drängeln und Schubsen wieder auf ihren Platz im Gruppenraum setzen.

Material

Glocke, verschiedene Spielgeräte (z.B. Bälle, Seile, Reifen)

37

Wir lernen Buchstaben kennen

Zu Beginn teilt die Spielleitung den Kindern mit, dass sie in der Schule auch lesen und schreiben lernen. Damit das jedoch gut gelingt, müssen sie vor allem auch die Buchstaben lernen. Dazu passend machen die Kinder das folgende Spiel:

Die Kinder sitzen zusammen am Tisch. Die Spielleitung legt verdeckt Zettel auf den Tisch, auf die sie zuvor jeweils einen Selbstlaut geschrieben hat (A, E, I, O, U).

Ein Kind, das die Spielleitung aufruft, darf einen Zettel umdrehen. Wer weiß, wie der Buchstabe heißt? Sollten die Kinder es nicht wissen, nennt die Spielleitung ein Wort, das mit diesem Buchstaben beginnt. Können die Kinder den Anfangslaut nun benennen?

Danach kommt ein anderes Kind an die Reihe, das einen neuen Zettel umdreht.

Auf diese Weise geht es weiter, bis alle Zettel umgedreht wurden.

Material

vorbereitete Zettel

38

Wir lernen Zahlen

Die Spielleitung schreibt auf sechs Zettel die Zahlen von 1 bis 6.
Ein Kind am Tisch spielt den Lehrer oder die Lehrerin. Die Spielleitung zeigt diesem Kind heimlich einen der Zettel mit einer Zahl. Das Kind schreibt die Zahl entweder allein oder mithilfe des Zettels auf die Tafel (Zaubertafel o.Ä.). Die Kinder, die glauben, die Zahl zu kennen, dürfen sich wie in der Schule per Handzeichen melden. Das Kind ruft eines der Kinder auf. Dieses nennt seine Vermutung und zeigt dabei auch mit den Fingern die Zahl an.
Wurde die richtige Antwort gegeben, tauschen beide Kinder ihre Rollen und eine neue Spielrunde beginnt. Ansonsten wird ein anderes Kind aufgerufen. Auf diese Weise finden weitere Spielrunden statt.

Material

sechs Notizblätter, Stift, Zaubertafel o.Ä.

Kennst du die Schulregeln?

Die Kinder sitzen um einen Tisch herum. Die Spielleitung nennt etwas, das in der Schule erwünscht oder nicht erlaubt ist. Wurde etwas zum ersten Punkt genannt, sollen die Kinder sofort reagieren und beide Daumen nach oben strecken. Ansonsten bleiben sie still sitzen. Wer falsch reagiert, gibt ein Pfand ab, das am Spielende eingelöst werden kann. Dafür kann die Spielleitung die Kinder z.B. bitten, auf einem Bein durch den Raum zu hüpfen, eine Zahl in die Luft zu schreiben oder ein Reimpaar zu nennen.

Beispiele

Erwünscht:
grüßen, freundlich sein, pünktlich sein, zuhören, sich per Handzeichen melden, ordentlich den Arbeitsplatz verlassen, sich gegenseitig helfen

Nicht erlaubt:
Müll auf den Boden werfen, Wände beschmieren, Toiletten verstopfen, Tische bemalen, schlagen, treten, boxen

Tschüss, Kita! Hallo, Schule!

Viele neue Freunde

Mithilfe des folgenden Fingerspiels soll den Kindern verdeutlicht werden, dass sie in der Schule nicht nur alte Freunde wiedersehen, sondern auch viele neue Freunde finden können.

Tschüss, Kita! Es wird langsam Zeit zu gehen.
winken
In der Schule werde ich viele Freunde wiedersehen.
Daumen nach oben strecken
Manche Kinder bleiben auch noch hier.
Sie werden mir sehr fehlen, glaube mir!
mit den Händen ein Herz bilden
Ich freue mich auf die Schule sehr!
Schulfreunde zu finden, ist nicht so schwer!
alle Finger in der Luft zappeln lassen

Tolle Erinnerungen an die Kita-Zeit

Die Kinder überlegen sich am Maltisch, was ihnen besonders viel Spaß in der Kita gemacht hat. Sie malen jeweils ein Bild und treffen sich im Stuhlkreis. Während die Spielleitung in der Kreismitte steht und den Spruch aufsagt, deutet sie bei jeder Silbe der Reihe nach im Uhrzeigersinn auf die einzelnen Kinder.

„Was war das schönste Kita-Erlebnis für dich?
Was kann das wohl sein? Das frage ich jetzt dich!"

Das Kind, auf das sie zuletzt deutet, darf nun sein Kunstwerk der Gruppe präsentieren und erzählen, was es gemalt hat. Danach tauscht es mit der Spielleitung den Platz, um mithilfe des Spruchs ein neues Kind auszuwählen, das daraufhin sein Kunstwerk zeigen darf.
Das Spiel geht so lange weiter, bis alle Kinder ihre Kunstwerke präsentieren konnten. Sollte ein Kind zweimal dran kommen, ruft es ein anderes Kind auf, das noch nicht an der Reihe war.

Herzenswunsch

Vorab zeichnet die Spielleitung ein großes Herz auf ein rotes Tonpapier, das sie ausschneidet.
Die Kinder treffen sich im Stuhlkreis. Die Spielleitung überreicht einem Kind das Herz aus Papier. Die Spielleitung trommelt. Zu jedem Trommelschlag wandert das Herz von einem Kind zum anderen linksherum im Kreis. Das geht so lange, bis die Spielleitung aufhört zu trommeln. Die Spielleitung äußert für das Kind, das nun das Herz in der Hand hält, einen Wunsch für die Schule, beispielsweise, dass es herzlich in der Schule aufgenommen wird oder dass es viele Freunde in der Schule findet. Danach setzt das Trommelspiel wieder ein und das Herz wandert weiter, bis das Trommeln erneut stoppt und die Spielleitung einen Wunsch für das nächste Kind äußert.
Das Spiel geht so lange weiter, bis die Spielleitung jedem Kind etwas Gutes gewünscht hat.

Material

rotes DIN-A3-Tonpapier, Bleistift, Schere, Handtrommel

Danke für die schöne Zeit

Die Kinder sitzen zusammen im Kreis.
Im Laufe der Zeit haben sicherlich alle Kinder schöne Erlebnisse und Erfahrungen in der Kita gesammelt. Wofür man „Danke!“ sagen kann, soll den Kindern mithilfe des folgenden Spiels bewusst gemacht werden.

Die Spielleitung legt in die Kreismitte verschiedene Dinge, die in der Kita gern verwendet werden. Sie geht dann in die Kreismitte, nimmt sich z.B. ein Blatt Papier und sagt: „Danke für all die tollen Bilder, die wir miteinander gemalt haben!“
Danach legt sie das Blatt Papier wieder zurück und tauscht den Platz mit einem Kind, das sich nun z.B. den Bauklotz nimmt. Passend dazu sagt es beispielsweise: „Danke für die vielen hohen Türme, die wir gemeinsam gebaut haben!“
So geht es weiter, bis sich alle Kinder in der Kreismitte auf diese Art und Weise bedanken konnten.

Material

verschiedene Dinge aus der Kita (z.B. Blatt Papier, Spielzeugauto, Bauklotz, Würfelspiel, Ball, Brotdose)

45

Danksagung an Freunde

Die Kinder bilden einen Kreis und bedanken sich bei den anderen Kindern für ihre Freundschaft.

Ein Kind, das die Spielleitung auswählt, geht auf ein anderes Kind zu. Es bedankt sich bei diesem per Handschlag für seine Freundschaft. Das Kind geht daraufhin wieder auf seinen Platz zurück. Das Kind links neben ihm bedankt sich nun per Handschlag bei einem anderen Kind für seine Freundschaft.

Reihum können sich so alle Kinder bei einem anderen Kind per Handschlag bedanken.

Glückwünsche zum Schulanfang

Alle Kinder und somit auch die Kinder, die noch nicht eingeschult werden, bilden zusammen einen Kreis. Eines der jüngeren Kinder geht auf ein älteres Kind, das eingeschult wird, zu, bleibt vor diesem stehen und sagt z.B.: „Ich wünsche dir zum Schulanfang viel Spaß beim Rechnen und Lesen!"
Das ältere Kind bedankt sich, geht in die Kreismitte und kniet sich dort hin. Ein anderes jüngeres Kind geht daraufhin auf ein weiteres Vorschulkind zu und sagt z.B.: „Ich wünsche dir zum Schulanfang viele neue Freunde!" Das ältere Kind bedankt sich und kniet sich dann zu dem anderen Kind in der Mitte.
So geht es weiter, bis alle Kinder, die eingeschult werden, im Innenkreis auf dem Boden knien und einen guten Wunsch erhalten haben.
Die jüngeren Kinder auf der Kreisbahn winken ihnen zu und sagen laut:

„Wir vermissen euch alle bereits heute!
Zum Schulanfang wünschen wir viel Freude!"

Hallo, Schule! Ich freue mich!

Die Kinder verteilen sich im Raum und dürfen ihre Vorfreude zum Ausdruck bringen, indem sie gemeinsam mit der Spielleitung zunächst den folgenden Spruch aufsagen:

„Hallo, Schule! Ich freue mich.
Es ist etwas Neues für mich.
Ich kann es kaum erwarten
und möchte endlich starten!“

Danach dürfen alle Kinder jubeln, nach Herzenslust durch den Raum laufen und Luftsprünge machen. Dabei können die Kinder ein zweites oder drittes Mal den Spruch aufsagen und jedes Mal noch deutlicher zeigen, wie sehr sie sich über den bevorstehenden Schulstart freuen.

Tschüss, macht es gut!

Alle Kinder bekommen ein Chiffontuch und verteilen sich auf einem überschaubaren Spielfeld, das die Spielleitung mithilfe von vier Markierungskegeln kennzeichnen kann.
Zum Rhythmus des Trommelspiels, das durch die Spielleitung erfolgt, gehen alle Kinder kreuz und quer auf dem Spielfeld herum.
Sobald das Trommeln stoppt, nennt die Spielleitung den Namen eines Kindes, von dem sich die anderen Kinder daraufhin verabschieden. Während sie dem Kind mit ihren Tüchern zuwinken, sagen sie laut: „Tschüss, ... (Name des Kindes). Wir wünschen dir das Allerbeste in der Schule!“
Danach setzt das Trommelspiel wieder ein, zu dem alle im Takt so lange auf dem Spielfeld herumgehen, bis das Trommeln erneut stoppt und die Spielleitung ein anderes Kind namentlich nennt, von dem sich die Gruppe auf dieselbe Weise verabschiedet.
Das Bewegungsspiel ist beendet, sobald alle Kinder, die eingeschult werden, von der Gruppe verabschiedet wurden.

Material

Handtrommel, pro Kind ein Chiffontuch, evtl. vier Markierungskegel

Jetzt ist es bald so weit

Die Kinder stehen zusammen im Kreis und geben sich gegenseitig die Hände. Miteinander sagen sie den Spruch auf, den die Spielleitung den Kindern zunächst vorspricht:

„Jetzt ist es bald so weit,
es wird höchste Zeit.
Ich darf in die Schule gehen!
Tschüss, auf Wiedersehen!“

Danach lassen sie sich gegenseitig los, um sich von ihren Kita-Freunden per Handschlag zu verabschieden, sich gegenseitig zu umarmen oder ihrem Gegenüber einen tollen Schulanfang zu wünschen.

49

Tschüss, Kita! Hallo, Schule!

Die Kinder, die nicht eingeschult werden, bilden im Gruppenraum direkt vor der Tür eine Gasse, indem sie sich in zwei Reihen aufstellen. Dabei halten die Paare, die sich gegenüberstehen, ihre Arme schräg nach oben so in die Luft, dass sie sich gegenseitig die Hände reichen können. Während nun die Spielleitung die Tür öffnet, stellen sich die Kinder, die eingeschult werden, direkt vor der Gasse hintereinander auf. Dabei sagt jedes Kind, bevor es durch die Gasse läuft und schließlich den Gruppenraum verlässt, den folgenden Spruch:

„Klein war ich, jetzt bin ich groß!
Tschüss, Kita, die Schule geht los!"

Sobald alle Kinder, die eingeschult werden, das andere Ende der Gasse erreicht haben und somit vor der Gruppentür stehen, applaudieren die Kinder, die die Gasse bilden, laut. Abschließend fügen Sie hinzu: „Tschüss! Und viel Spaß in der Schule!"

Don Bosco MiniSpielothek
Klein, fein, alles drin

ISBN 978-3-7698-2545-9

ISBN 978-3-7698-2546-6

ISBN 978-3-7698-2539-8

ISBN 978-3-7698-2540-4

ISBN 978-3-7698-2520-6

ISBN 978-3-7698-2521-3

ISBN 978-3-7698-2509-1

ISBN 978-3-7698-2510-7

ISBN 978-3-7698-2503-9

ISBN 978-3-7698-2498-8

ISBN 978-3-7698-2497-1

ISBN 978-3-7698-2466-7

ISBN 978-3-7698-2465-0

ISBN 978-3-7698-2449-0

ISBN 978-3-7698-2450-6

ISBN 978-3-7698-2397-4

ISBN 978-3-7698-2398-1

ISBN 978-3-7698-2399-8

ISBN 978-3-7698-2400-1

ISBN 978-3-7698-2374-5

ISBN 978-3-7698-2373-8

ISBN 978-3-7698-2376-9

ISBN 978-3-7698-2375-2

ISBN 978-3-7698-2356-1

ISBN 978-3-7698-2358-5

ISBN 978-3-7698-2359-2

ISBN 978-3-7698-2357-8